Dein Verlangen gehört mir
9
Ai Hibiki

TOKYOPOP GmbH
Hamburg

TOKYOPOP
1. Auflage, 2018
Deutsche Ausgabe/German Edition

Aus dem Japanischen von Renata Lucic

HITORIJIME -CHOKYO GANBO- 9 by Ai HIBIKI

Original Japanese edition published by SHOGAKUKAN.
German translation rights arranged with SHOGAKUKAN through The Kashima Agency.

Redaktion: Alexandra Schöner
Lettering: Vibrraant Publishing Studio
Herstellung: Mathias Neumeyer
Druck und buchbinderische Verarbeitung:
CPI–Clausen & Bosse GmbH, Leck
Printed in Germany

ISBN 978-3-8420-4268-1

www.tokyopop.de

Dein Verlangen gehört mir

Ai Hibiki

9

INHALT

Mahiro Tsujido

Ein Schönling und Aufreißer, der es mit keinem Mädel ein zweites Mal macht. Sein Vater hat in zweiter Ehe die Mutter von Rei geheiratet, sodass er gezwungen ist, mit ihr unter einem Dach zu wohnen. In der Schule darf das aber keiner erfahren!

Rei Sadaoka

Eine Streberin aus derselben Klasse wie Mahiro. Sie findet seinen Umgang mit den Mädchen respektlos und abstoßend. Trotzdem muss auch sie von nun an mit Mahiro zusammenleben. Damit in der Schule nichts davon rauskommt, trägt sie weiterhin ihren alten Nachnamen, obwohl sie jetzt eigentlich Tsujido heißt.

WAS BISHER GESCHAH

Schönling Mahiro nutzt beinahe jede freie Minute, um mit Mädchen rumzumachen. Vorzeigeschülerin Rei findet das einfach nur abstoßend und hält mit ihrer Meinung nicht hinterm Berg. Aber ausgerechnet mit ihr muss Mahiro nach der erneuten Heirat seines Vaters unter einem Dach leben! Damit keine blöden Gerüchte entstehen, soll dies in der Schule aber niemand erfahren. Als Rei ihn eines Tages wieder kritisiert, will Mahiro sie in die Schranken weisen. Doch seitdem er ihr die Kleider vom Leib gerissen hat, lässt Rei keine Gelegenheit ungenutzt, ihn zu weiteren Intimitäten zu animieren.

Nach einem Unfall teilt sich Mahiro das Zimmer im Krankenhaus ausgerechnet mit Ryo, Reis früherem Nachbarn und Nachhilfelehrer, der die beiden auch prompt bei intimen Spielchen ertappt! Außerdem muss Rei bis nach den Aufnahmeprüfungen bei Ryos Familie einziehen. Doch kaum ist sie dort, bedrängt Ryo sie schon heftig und gesteht, in sie verliebt zu sein. Rei ist nicht nur erregt von seinen Berührungen, sondern so verwirrt von seinem Geständnis, dass sie Mahiro beinahe betrügt. Ryo ist zwar enttäuscht, bittet sie aber zum gemeinsamen Lernen in sein Zimmer und schafft es ein weiteres Mal, Rei mit einem Geschenk, einem Buchschutzumschlag, heftig durcheinanderzubringen …

Dein Verlangen gehört mir

INHALT

66. Kapitel 7

67. Kapitel 29

68. Kapitel 53

69. Kapitel 75

70. Kapitel 99

71. Kapitel 121

72. Kapitel (Bonus: Verlangen nach der Maid?!) 141

66. Kapitel

W...

Was mach ich bloß?

Ohne Distanz zwischen uns kann ich unmöglich lernen ...!!

POCH

POCH

POCH

Gehen wir erst mal die Ergebnisse deiner Probeklausur durch ...

POCH

POCH

POCH

Rei?

...!!
RÜCK

Ah ...!!
Ähm ...
I...
Ich hab mich erschreckt ...!

Hör auf, vor dich hin zu träu-men ...

T...
Tut mir leid.
Aber ...
ROLL
Ngh ...!
... nach dem, was gerade eben passiert ist?!
Ich liebe dich.
Dem Ganzen ?!
Während mir das noch im Kopf herumschwirrt ...
... kann ich unmöglich tun, als ob nichts wäre!!
Du ...

... denkst die ganze Zeit daran, was?

Was ...?!

W... Wie gemein!!

Als ob ich einfach so herumfantasieren würde ...!!

~!!

Wobei ...

... es stimmt schon ...

Hast du die Lösung noch nicht?
Aber Ryo ist so ein Vernunftmensch.
Da muss ich mich auch auf das Lernen konzentrieren ...!!

D...
Das stimmt ...
... gar nicht.

Hmm ...

So etwas wie vorhin zu erleben und gar nicht daran zu denken ...
Du bist echt abgebrüht.
!!

S...
So ist es nicht!!
In Wirklichkeit bin ich total aufgeregt ...!!
RUCK
PRUST

E...

Er hat mich nur aufgezogen?!

カァァァ

BLUSH

Ich fass es nicht ...!!

I...

PLUMPS

Ryo kann ...

... darüber Scherze machen ...!

Ah ...
Aber ...
»Vor drei Jahren war ich so damit beschäftigt, meine Gefühle zu verbergen ...«
Wenn Ryo er selbst ist ...
... kann er auch so ein Gesicht machen ...
Ich ...
... kenne vieles von ihm nicht ...
Ich würde gern mehr von ihm wissen ...
Aber ...

… es geht nicht, wenn du andauernd daran denkst und dich nicht aufs Lernen konzentrieren kannst.
Die Aufnahmeprüfung ist schon bald.

Was meinst du, an wem das liegt …

STARR
SCHRECK
I…
Ich hab nichts gesagt!!

Aber es ist wirklich so viel passiert …
… dass ich heute …
… unmöglich lernen …

Wie bitte?
ZUCK
Ah …
Natürlich setze ich mich allein noch mal hin!

Nur zu zweit … geht echt nicht.
Schon wenn ich dein Gesicht sehe, ist meine Konzentration dahin …!
Echt blöd von mir …
… es abzulehnen …
Aber …
… er macht mich einfach zu nervös …
POCH
POCH

Ich muss ein wenig allein sein und meine Gefühle wieder in Ordnung bringen ...!!

Da kann man nichts machen ...
RUCK

Es ist sinnlos, wenn du nur am Schreibtisch sitzt, aber nichts ...
... auf die Reihe bekommst.

Hoffentlich ist er jetzt nicht sauer ...

PLUMPS
Es tut mir leid ...
Jetzt willst du mir schon extra beim Lernen helfen, und ich ...
HAST
HAST
M... Morgen mach ...
... ich es ordent-lich ...!
Kyaah ...?!

DOMP
ドサ…
Wie stellst du dir das denn vor?

...?!

Wenn du mein Gesicht siehst, klappt es also nicht?

Hä ...?!

Was?!

Ich werde mich außerhalb deines Gesichtsfeldes halten.

Was ...?!

DREH

Was ...?

Es ist keine echte Schock-behandlung, aber ...

... im Prinzip ...

... geht es darum, deine zu große Aufregung zu beschwich-tigen.

Du sollst dich …
… an mich gewöhnen.
Das ist …
Das geht doch gar nicht!
So eng an ihn geschmiegt …
… wie zwei Liebende …!!
Liebende …

Ich habe es nicht vergessen.
Was ich mir ...
... im Kranken-haus geschwo-ren habe ...
»Ich muss die Überreste der Gefühle, die ich Ryo gegenüber noch habe, jetzt ausmerzen.«
Es bringt nichts, aus die-ser Situation ...
... zu flüchten.
Das Ziel ist ...
... sich auch von solchen Be-rührungen ...
... nicht aus der Ruhe bringen zu lassen ...!!
Was meinst du?
Wenn du sagst, dass du es unmög-lich schaffst, werde ich ...
...

Ich gebe mir Mühe, mich ...
... an dich zu gewöh-nen ...
Gut ...
Dann ...
... legen wir mal mit dem Ler-nen los.
I... In dieser Stellung ...?!
Natür-lich!
Also ...
... welche Aufgaben hast du in der Test-Prüfung falsch ge-macht ...?
Das ist doch ...

Ah ... hier
Alles klar ...
Sieh mal.
Das hier ...
ZUCK
Mein Ohr ...!!
Ah ...!!

WUPP
Ist was?
POCH
Macht er das extra?! Nein ...
D... Das würde er nicht, oder?
POCH
Schon gut, machen wir weiter.
Hör genau zu..

Hier haben wir eine binomische Formel ...

ZUCK

Das bedeutet, dass der zutreffende Wert hier ...

POCH

POCH

...!

...

POCH POCH POCH POCH POCH POCH

Was war das noch mal ...

Sich zu gewöhnen?!

POCH POCH POCH

67. Kapitel

Bei dieser Aufgabe kommt es darauf an, diesen Wert erst mal ...
Was soll ich bloß machen?!
Das hier ist doch ...

POCH
POCH
POCH
Sowohl Ryos Stimme ...
... als auch sein Körper ...
... sind viel zu nah.
Ich kann so unmöglich lernen ...!!
Sprich, die Lösung ist ...

Rei ...
Schaffst du es jetzt, Aufgabe 2 zu lösen?
Was ...?!
Äh ...
Nun ...
W... Was mach ich denn jetzt?!
Mein Gehirn ...
... ist wie gelähmt ...!!

Was denn ...
Du kannst es nicht?
Wie blöd.
POCH
Ist Ryo jetzt von mir ent-täuscht ...?
POCH
D...
POCH
Das ist ...
POCH
Mann ...
Das ist doch ...
KLACK
RUMMS
SCHRECK
!!

Ich bin wieder da!

Ryo!!

Rei ist bestimmt auch schon da, oder?

Ich hab Obento* gekauft. Wollen wir essen?

Ah!

Frau Amamiya ...!!

*Lunchboxen

Ich bin echt hoffnungslos ...

Dass ich schon beim Lernen ...

... derart in Aufregung gerate ...

Schaffe ich es denn überhaupt ...

... meine Gefühle für ihn auszumerzen ...?

Rei,
bist du
satt?
Ja,
danke
...!
Also ...
RUCK

Rei ...
... mach
dich zum
Ausgehen
fertig.
Was?!

Ä... Ähm,
wie jetzt,
ausgehen
...
Um
diese
Zeit?
Genau.
TOCK
TOCK

Du hast
kein Veto-
recht.

Egal ... Zu Hause würde ich mich ...
... eh an alles Mögliche zurück erinnern und mich quälen ...
POCH
A... Alles klar.
Allerdings kann ich nur meine Schuluniform anziehen ...
Der Rest wird erst noch per Kurier geliefert ...
Macht nichts.
Übrigens ...
Wir kommen heute nicht mehr hierher zurück.
?!
W...
Wir übernachten außerhalb?!

D... Das ist ja ...
Was sagt denn deine Mutter dazu ...?!
Ent- schlossen
Sei in 15 Minuten bereit.
Was?!
Moment mal ...!!
Hääh ...?!
LÄRM
LÄRM

Hatsu-mode* ...

Ziemlich voll hier ...

Ach ja ...

Heute ist ja Silvester ...

BLUSH

Es ist viel zu viel passiert, da habe ich es vergessen ...

*erster Schreinbesuch zu Neujahr, auch schon gegen Mitternacht

D... Du hast mich schon wieder auf den Arm genommen ...!

Wovon redest du?

Für Außenstehende ...

... könnte das wie ein Hatsumode-Date aussehen ...

Oje! Das geht nicht ...!

Noch nicht mal mit Mahiro ...

... habe ich bisher ein Pärchen-Date gehabt ...

STICH

Ich muss ...

... gut auf Ryo aufpassen ...

Ah ...!

BAMM

Schon wieder einer ...!!

Rei!

Geh mir nicht verloren!

DRÜCK

Kyaaah!!

E... Er ist so nah ...!!

POCH

POCH

POCH

Nanu ...?!

Da ist ja Amamiya!!

Was?!

Tatsäch-
lich!

Ah ...

...?!

Gehst
du auch zum
Hatsumode,
Amamiya?

Wo-
bei, wohin
denn sonst,
oder?!

Total voll
hier, nicht?

Ja.

Wer
ist das
...?

Sie sind hübsch ... und so erwachsen ...

Ach, da müssen wir irgendwie durch ...

Bist du eigentlich allein unterwegs?

Oh ...

Wer ist das Mädchen ...?

SCHRECK

Ach ...

Sie ...

Sie ist so etwas wie meine kleine Schwester.

Das ... stimmt ja. Wir sind nicht zusammen ...
... und er hat vollkommen recht ...
Aber ...
... nachdem er »Ich liebe dich« gesagt ...
... und so etwas getan hat ...

Oder?
Ja ...
Halt!
Nicht, dass man mir das anmerkt ...!
Moment mal ...
Was ...?
...
Außerdem ...
Was denn ...?
Unfassbar ...
Ich ...
... bin wegen Ryo ...
... eifersüchtig ...?!

N...
Nein!!
SCHÜTTEL
SCHÜTTEL
Ich bin nicht eifersüchtig!!
Es ist nur, weil Ryo ...
... gesagt hat, dass er mich liebt ...
Ist mit deinem Bein alles okay?
Geht schon.
... dann aber mit anderen ...
... einen auf vertraut ...
... macht ... Deshalb ...
KRALL

Was ist denn nur ...

SCHRECK

BWWWW

Da weiß ich nicht mehr weiter ...

...

Dann geh doch in die Bibliothek in A ...

Ich geh ran!!

WISCH

Was auch immer Ryo sich denken mag ...
... ist mir jetzt egal ...!!
Hallo ...?
Rei!

Begrüßung

Guten Tag! Vielen Dank, dass ihr Band 9 in Händen haltet!!
Schon Band 9 ...!! Direkt vor Band 10! Ich bin sehr, sehr dankbar.

Diesmal befindet sich im hinteren Teil noch ein Bonuskapitel, das bereits in einem Sammelband von Mobafura abgedruckt wurde.
Völlig losgelöst von dieser Geschichte geht es darin um ein geheimes erotisches Spielchen von Rei und Mahiro und ich hoffe, ihr werdet es genießen ...
Es hat mal wieder Spaß gemacht, eine sorglose Rei, die nach Lust und Laune lebt, zu zeichnen!^^;

Ich würde mich freuen, wenn ihr auch beim nächsten Band dabei seid ...!

● Special thanks ●

Meiner Familie und meinen Freunden, die mich stets unterstützen, dem verantwortlichen Redakteur, der mich anleitet, und allen anderen vom Redaktionsteam Mobafura, den Designern, den Textern, allen, die am Erscheinen von diesem Band beteiligt waren ...

... und euch, liebe Leser!!
Ich danke allen von Herzen!!

68. Kapitel

Rei …
Ah …
POCH
Mahiros Stimme …
POCH
POCH

Ich wollte noch ein letz- tes Mal …
… in diesem Jahr deine Stim- me hören …
SCHRECK
Mein Ohr …
… wird ganz heiß …!
So was … (*lach*)
Mahiro …
Drück

Ich hab ...
... mich nur so erschreckt ...
Heute ...
... habe ich mich schon so viele Male in Gedanken ...
... an dich geklammert ...
»Mahiro ...!!«
Hey?!
Sag doch mal was!
Ah ...!
E...
Entschuldigung ...
...!
Rei?
Ich will dich sehen ...

Ryo ...!

WUPP

Das Einzige, was ich jetzt spüren möchte ...
... ist Mahiros Stimme ...!!
Ä... Ähm ...
Also ...
Rei ...
Ich freu mich so, dass du mich sehen möchtest, aber ...
Ja ...
Ich weiß.
Bis die Winterferien vorbei sind ...
... ist es verboten.
Oh ...
... nein ...

Ich muss gleich heulen.
Sobald ich seine Stimme höre ...
... kann ich irgendwie ...
Ja ...
... meine Gefühle nicht unterdrücken ...
Ein geplantes Treffen ist verboten.
Was mach ich denn nur?
Aber ...
Ich möchte so gern sein Ge- sicht sehen ...!
... weißt du ...

Ganz zufällig ist okay, oder?

Rei!
Was ...?!

U...
Unfass-
bar ...
...

Uwah!

RUTSCH

Ah!!

Vorsicht ...!

...

Bist du es wirklich ...?

Na klar!
Wieso …
… bist du hier?
Ganz zufällig eben!
Ich hab gehört, dass ein hier vorgetragenes Gebet für eine gute Prüfung wirksam sein soll, und bin …
Und dann hab ich euch von Weitem gesehen …

Ich konnte es auch nicht fassen ...
Hallo! Wer bist du denn?!
Etwa der Freund von diesem Mädchen?!

J...
Ja ...
Uwah! ♥
Wie süß ...
Und genauso gut aussehend wie Amamiya!
Kyaah!♥
Hör mal, Amamiya!
Wenn ihr Freund schon da ist, müssen wir die beiden doch allein lassen!
Genau!
Da er doch extra da ist!
Was?!

Nein!

Als ob ich euch so spät alleine gehen lassen würde!
Ryo ...

Was meinst du damit?
KICHER
KICHER
PRUST
Oder hast du einen Schwesterkomplex?
Du hörst dich an wie ein Vater!
Du machst dir zu viele Sorgen, großer Bruder!

Ähm ...
Ich bringe sie auf jeden Fall nach Hause ...!

In Ord-
nung ...
Ryo ...!
Vielen Dank!
D...
Danke ...

...
Aber du kommst nicht erst morgens nach Hause, verstanden?
N...
Natürlich nicht ...!
Ich darf Zeit mit Mahiro verbringen ...!
POCH
POCH
POCH
...
Rei!

Lass uns irgend-wohin gehen, wo weniger Leute sind.
Wo wir in Ruhe reden können.
Gut.

Also ...
Wir gehen dann.
Tschüss!

Ehrlich gesagt kann ich ...
... auch kaum glauben, dass es wahr isl ...

Ah ... aber ...
... wenn ich dich so umarme ...
... fühlt sich das richtig nach dir an ...
Irgendwie ...
... ist es ein so unglaublicher Zufall, dass ich fast abhebe ...
Ja ...

Es ist erst einen halben Tag her ...
DRÜCK
... aber ich werde ...
... wahnsinnig nostalgisch ...

Ich spüre, dass nur hier ...
... der für mich bestimm-te Platz ist ...

69. Kapitel

DRÜCK
Mahiro
...

Mein Mahiro ...!!
Mahiros ...
... Wärme.

Und Mahiros ...
Ah ...!
Meine Kraft ...
SACK
Obwohl ich ...
... ihn ganz fest halten will ...

...
DRÜCK
Es reicht nicht ...
Wie fest ich dich auch umarme ...
Drück noch fester ...
... bis es wehtut.

Ich möchte ...
... es noch stärker spüren.
Dich, Mahiro ...!!
Wenn ich noch fester drücke, brechen dir die Knochen.
Dann sollen sie eben brechen ...
Rei ...
Lass mich auch dein Gesicht sehen.

Ah ...

...!!
ZITTER
Wahn-
sinn ...

Deine ...
... geliebten Augen ...
Ich zittere ...
... vor Glück ...
Ich hab dich so vermisst.
Ah ...
Mein ganzer Körper ...
... schreit: »Er ist es!«

Der, den ich …
… wirklich will …
TRÄN
Oh …
Ich sehe nichts mehr.

Rei ...

Ob-wohl ...

... ich mir Mahiro doch genau anschauen möchte ...

T... Tut mir leid.

Ist denn bei denen ...

... irgend-etwas pas-siert?

...

POCH

Irgendetwas ...

Ah ...!

... das den Eindruck erweckt, dass es mit Mahiro Jahre her ist ...

Heute ...

Ich ...!!

Egal.

Denk lieber nicht an das zurück ...

... was ohne mich war.

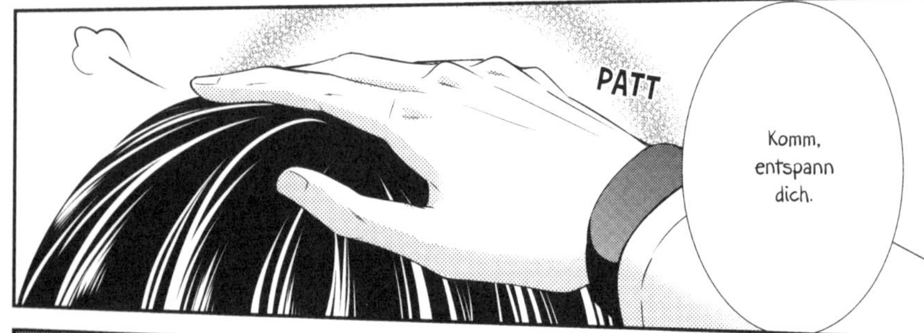

...

Ich weiß es ...
... ohnehin ...
...
Du weißt es ...?

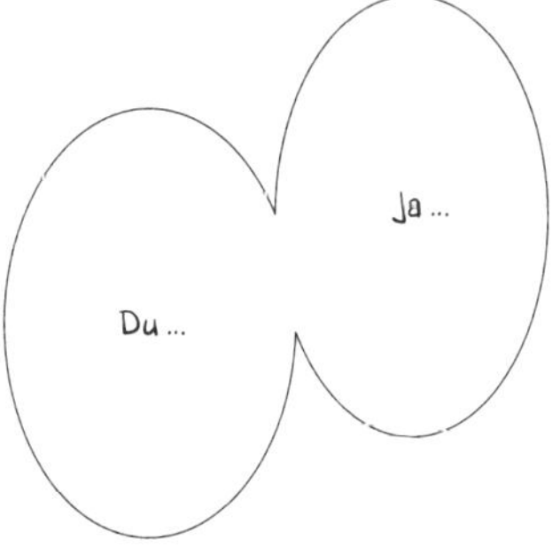

... warst ja in ihn ...
... verliebt, oder?

Was ...?!
Äh ...
Hä?!
W...
Was ...?!
Warum wunderst du dich so?
Du bist total leicht zu durch-schauen.
Und außerdem ... Du magst doch so einen Typ Mann ...
... wie ihn ...

Mahiro ...

Es tut mir leid ...

Ich ... hatte ja neulich gesagt ...

... da wäre nichts ...!

Schwamm drüber.

Das war doch mir zuliebe, oder?

Einer, in den du von klein auf ...

... verliebt warst ...

Und er ...

... scheint ja auch an dir zu hängen.

Kaum vorstellbar, dass da nichts passiert ...

... wenn ihr auch noch zusammenwohnt!

Mahiro ...
Ahnst du es etwa?
Dass etwas passiert ist ...
Das ist ...
SCHRECK
Komm mir bloß nicht ins Schwanken!

...!

Ich meine ...

... das jetzt nicht als Warnung.

Was ...?!

Ich fürchte bloß, du könntest dich ...

... von den Überresten der Begierde deiner ersten Liebe an der Nase herum führen lassen.

Aber wie auch immer ...

Letzt-
lich ...
... gehörst
du mir!

70. Kapitel

»Letzt-
lich ...
... ge-
hörst du
mir!«

Und solte er ...
... deine Gefühle mal ins Wanken bringen ...
... vergiss auf keinen Fall ...
... die Wahl, die du getrof-fen hast!

Ob etwas passiert oder nicht ...
...
Auf jeden Fall ...
... musst du zu mir ...
... zurück-kommen.

Ver-
standen
...?
Mahiro ...!!

...!

POCH

POCH

POCH

...

A...

POCH

Klar ...

... wäre ich sauer!

SCHRECK

Aber ...

... gerade weil ich mich früher so ausgetobt habe ...

... weiß ich ja, wie besonders du bist.

Doch bei dir ist das ja nicht der Fall ...

Deshalb kann ich ja nicht verlangen, dass du nicht auch mal ein wenig ins Schwanken kommst!

Bloß ...

... will ich davon nichts wissen.

Für mich zählt nur ...

... deine Entscheidung!

Dass ich dir letztlich der Wichtigste bin.

Mahiro ...!!
D... Du findest das ...
... okay?
Mann!
Es geht hier nicht um okay ...
... oder nicht!

Für mich …
… gibt es einfach keine andere!

Ma...

...hiro
...!!

Ah ...
...!!
Rei?
Mom...
...!
W...W...
W...
Hä?

Warte!
Das geht nicht!
Was ...?!
Das geht nicht?
Wah!!
S... So meine ich das nicht ...
D... Du bist bloß so cool, dass es ...
... kaum auszuhalten ist ...!

Hä ...?
POCH
POCH
Was ist daran cool ...?!
Ich kämpfe doch nur ...
... mit allen Kräf-ten!

Er bemüht sich, mich mit ...
... all meiner Gemeinheit ...
... hinzunehmen ...
Ich ... bitte ...
... dich ...!

Lass mich bitte …
… in diese Arme zurückkehren …
Für mich gibt es auch niemand Wichtigeren als dich …!

Ja ...

Ich warte auf dich.

Mahiro ...

Gleich ist dieses Jahr auch um ...

Was soll ich bloß tun?
Die Zeit fliegt ...

Wenn das neue Jahr anbricht ...
... werden wir wieder getrennt ...

Nein ...!
Ich will noch nicht!!
Ich will doch ...

... noch mehr Ma-hiro ...!
Ma-hiro?
Du ...
GRINS
... hast ja einen wahnsin-nig bettelnden Blick drauf ...

W... Was ...?

H... Hab ich nicht ...!

Warum denn nicht?

Was?

Ich möchte dich ja auch nicht ...

... einfach so zurückgeben.

Ich muss dich einfach …
GLEIT
Ah …?!
… noch viel mehr mit mir aus-füllen.
Mahiro …?!

71. Kapitel

Mahiro ...?!
Ah ...!
Ah ...!

Nnh ...
Hah ...!
Mahiros Finger ...!
ZUCK
Nh ...!!
Seine Finger ...
... sind heiß ...!
Rei ...

W... Wenn er mich so ...
... berührt, dann ...
...!! Ah ...
W...
W...
Warte ...
Hah ...
...! Warte!!
Rei?
RUCK

Nicht ...!

Das ... reicht ...!

Sonst ... kann ich ... mich nicht mehr bremsen ...!

Mein ... Verlangen nach dir ... würde sich steigern und ...

... es wäre um mich ...

GRINS

Du musst dich ...
... auch nicht bremsen können.
Ich kann doch ...
STREICH
... auch nicht untätig herumsitzen.
Ah ...!!

D...
Denkt er ...

... das wegen Ryo ...?

Mahiro ...
Tut mir l...
!!

Ah …!!
Nh …!
Hah …
Rei …
Ich liebe dich!

Mahiro ...!!
Ah ...
I...
Ich liebe ...
... dich auch ...!

Vor Glück ...
... steigt meine Lust immer mehr ...
Du bist ...
... selbst in dieser Kälte ...
... wahn-sinnig heiß.
Nh ...

Wir müssen dir ...
... wohl ...
Ah ...
LUPF
... ein wenig Abkühlung verschaffen ...
...!
STREIF
WEH
Ah ...!!
Der Wind macht mich noch ...
ZUCK

So was!
SCHRECK
!
Du darfst dich doch nicht vor meinen Augen ...
... von etwas ande-rem erregen lassen!
...!! A...
Aber ...
...!
Wie fies ...
Weil ich von dir ...
... berührt und dabei angeschaut werde ...
... macht mich das ... empfind-lich ...

Kyah ...!!
ZIEH

Dann …
… macht dich so was schon scharf?
Und das hier …?
GLEIT
Nh …
Ah …!
DRÜCK
Ah …!
ZUCK

Ah ...!
Darf ich dich ...
... noch etwas mehr quälen?

!
Was ...
RÜCK
M... Mahiro ...!
D... Das ist doch ...
Hm?

Das ...
... ist mir unange-nehm ...!
Wol-len wir es dann sein lassen?
D... Das nicht ...!
Ach so ...
Aber ...

Das sagt mir eine, die ganz schamlos ohne BH und Höschen rumgelaufen ist.
E... Es ist ganz was anderes ...
... wenn ich das allein mache ...
... als wenn du es machst ...!
Es ist so besonders ... macht mich glücklich ...
... und erregt mich ...
Rei ...

Du bist unverbes-
serlich.

Dein Verlangen gehört mir 9 / Ende

72. Kapitel
Bonus:
Verlangen
nach der
Maid?!

Da bin ich wieder ...!
Puh ...!
Irgendwie war so viel los ...
... dass ich etwas spät bin ...

Will-
kommen
daheim
...
... mein
Herr!
Hä ...?

... Dieses Outfit ...

W... Was machst du denn?!

Ich ... ... habe nachgedacht!!

Immer bist du derjenige ...

... der meine sexuellen Wünsche erfüllt.

Da möchte ich mich auch gelegentlich erkenntlich zeigen ...

Deshalb dieses Dienstmädchen-Spiel!
Praktischerweise habe ich beim Schulfest im ersten Jahr im Maid-Café mitgemacht ...
Moment!!
Wie kommst du darauf, dass mich Dienstmädchen heißmachen?!
Na ...
... weil du total gestarrt hast, als gestern Abend eine Sendung darüber ...
... im Fernsehen kam.
Hör mal ...
Das war ...
Nanu? Mag er es ...
... wirklich nicht?

Spiele ich diese Rolle etwa zu schlecht ...?
In Ordnung ...

Dann ...
... wollen wir mal testen ...
... wie du dich als Dienstmädchen machst.
!
J...Ja!!
Das ...
... schaffe ich.
Ich meinte ...
Jawohl!!
Ich möchte ...
... Mahiro Freude bereiten ...!!

Ich habe Durst. Bringst du mir was Kaltes zu trinken?

Sofort!

SCHRECK
GLEIT
Ah ...!!

POCH

POCH

M...

Mahiro ...!

»Mahiro«?

Ich meine ...

M...

Mein Herr ...!

Schenk mir noch mehr ein.

Nicht aufhören.

J...
Jawohl ...
...!
...!
Ah ...

Ah ...!
Und jetzt?!
Während ich Mahiro ...
... zu dienen versuche ...
... werde ich ...
... verführt ...
Das ist ...

Nh ...!
... doch vielmehr ...
ZUCK
... meine sexuelle Fan-tasie ...!
Ah ...
Ah ...!!
Ah ...!

Aah ...
Hah ...
Ah ...
Hah ...
V...
Verzeih... ung ...
Hah ...
Hah ...
Nicht mal so et- was kriegst du hin.
Du musst bestraft werden.
PACK
Ah ...?!

Oh ...
DOMP
Mahiro ...

Du scheinst dich ja ...
... auf die Bestrafung zu freuen ...
Aber ...
!!
Ah ...!

Hah ...
Ah ...!
Hah ...
Ah!
Aaah ...!
Hah ...

Es ...
... fühlt sich so gut an ...
Ah!
A...
Aber ...
Ah!
Nh ...!
W...
Ah!
Warte ...!

Warte ...!!
Hm?
Nicht ...!
Das geht nicht ...
J...Jetzt werde nur ich ...
... ver- wöhnt ...
Heute möchte ich ...
... doch deine Fan- tasien ...
... wahr werden las- sen ...

Das tust du doch!
Denn jetzt darf ich mit der damaligen Rei so etwas machen.

…? Der damaligen Rei …?
Ich erinnere mich an dieses Kostüm!
Darin habe ich dich das erste Mal gesehen.
Was …?
Beim Schulfest im ersten Jahr …

Ich hatte …
… damals in deiner Klasse vorbeigeschaut.
Irgendwie bist du mir damals aufgefallen, während du …
… im Hintergrund Snacks zubereitet hast.
Wir machen es da hinten …
Mahiro …
Da ist doch nur die Küche …
Du hast so ernst gewirkt …
… aber das Kostüm stand dir besser als allen anderen …

Jetzt wird mir klar ...
... dass du vom ersten Blick an ...
... irgendwas in meinem Herzen bewegt hast.

Mahiro
...
Ich
kann
...
... es
kaum
glauben
...

Dass du mich schon ...
... so lange kennst ...
... und dich an mich erinnerst ...
...!

Aber du ...
... hast vorgegeben, mich nicht leiden zu können ...
...!
T... Tut mir l...
!
Für all das ...
... musst du bestraft werden ...
STREIF
Ah ...

...!
Ah ...
W...
Warte
...!
BLUSH
Als Strafe dafür, dass du vorhin etwas verschüttet hast ...
... werde ich dir auch noch ...

Ah ...!!
ZUCK
Ist das kalt ...!!
TOCK

Ah ...!!
Ah!
Hah ...
Seine Zunge ...
Hah ...
... ist heiß!
Hah ...
Nh ...!
Das ist mir peinlich ...!

Mahiro ...
Ich ...
... bin so glücklich ...
... dass ich kaum ...
Ah ...
ZUCK
Aah ...!!
ZUCK

Hah ...
Hah ...
Ich will ...
Hah ...
Hah ...

Ich hätte mir ...
... nie erträumt, dass ...
... diese Maid von damals ...
... ein derart lüsternes und ...
... süßes Gesicht machen kann.
... noch mehr ...
... von dir, Mahiro ...

...
Ich fühle ...
... mich auch wie in einem ...
... Traum ...
Dass ich mit ... einem so wunderbaren Menschen ... wie dir ...
... solche Dinge mache ...

Ich lass
dich spüren,
dass es Re-
alität ist ...
Sag mir
nur, wie du es
haben willst,
okay?
Was ...?

Un...
...mög-
lich ...

Gehorchst
du mir etwa
nicht ...

... mein
Dienst-
mädchen?

...
M...

Mein Herr ...
Ich will dich ...
... bis in den hintersten W... Winkel meines Körpers ...
... spüren ... können ...!
Gut ...

Für deine Aufrichtigkeit wirst ...
... du belohnt.
Ah ...!!
STOSS

Ah!
Ah ...!!
Ich werde von Mahiro ...
... durch-drungen ...

... und erfüllt.
...! Rei ...!
Hah ...
Ich liebe dich ...

Du gehörst nur mir, mein Herr ...
Dein Verlangen gehört mir – Bonus / Ende

Extra
Hach ...
Ich hätte so gern ein Haustier ...
Ein Haustier?!
Ich wünsche es mir schon seit meiner Kindheit ...
... aber mein Vater kann keine Tiere leiden ...
Niedliche
Haustiere Sondersen

Süß, oder?
Sowohl die Hunde als auch die Katzen!
Mahiro ...
Du scheinst Tiere wirklich zu mögen.

Wenn Mahiro ...
... ein Haustier hätte ...
Meine Schöne ...
Maunz
Ha ha ha ...
Fein ...
Braves Hündchen.
Hechel
Hechel
Hechel

Ich ...
... würde eifersüchtig werden.
Moment!
Könnte nicht ich dein Haustier sein?!
Hää?!

Red keinen Unsinn!

Wie soll die Freundin ein Haustier ...

Mein Herrchen ...

Du willst also ein Leckerli?

Miau, bitte verwöhn mich!

Keine Pointe.

Dein Verlangen gehört mir – Extra / Ende

MESSAGE DER AUTORIN

Ich plane einen Umzug und während ich ausmiste und meinen Besitz verkleinere, fällt mir auf, wie parallel zur Leerung meines Zimmers mein Arbeitstempo ansteigt ...?!
Das liegt vermutlich daran, dass mir nicht mehr alle möglichen unnötigen Dinge ins Auge fallen. Deshalb spiele ich jetzt mit dem Gedanken, nur noch das Nötigste zu behalten und zu einer Minimalistin zu werden (was ich aber nie im Leben hinbekommen werde).

Dein Verlangen gehört mir

KÜSSE UND LÜGEN

Rina Yagami

Mehr Schein als Sein?

Schülerin Akane muss sich auch um den Haushalt und ihre kleinen Brüder kümmern. Deshalb hat sie keine Zeit, sich Gedanken um ihr Äußeres zu machen, und auch wenig Hoffnung, einen Freund zu finden. Aber dann lernt sie den undurchsichtigen Kurotsuki kennen. In der Schule spielt er den anständigen Schülersprecher, nachts rast er auf dem Motorrad durch die Gegend. Die beiden beginnen eine Art Zweckbeziehung, doch Akane weiß bald nicht mehr, was echt und was gespielt ist ...

MIDNIGHT DEVIL

Hiraku Miura

Mein Freund, der Dämonenkönig ...

Dämonenkönig Char hat mit Schülerin Rin ein Abkommen geschlossen, für alle Zeit zusammenzubleiben und einander zu besitzen. Die beiden verlieben sich, doch Char muss immer wieder in seine Welt zurückkehren, um dort Angriffe der Menschen abzuwehren. Als Rins Kindheitsfreund Sho, in den sie unglücklich verliebt war, ihr unerwartet seine Liebe gesteht, stehen ihre Gefühlswelt und ihr Leben kopf ...!

VON FÜNF BIS NEUN

Miki Aihara

Eine Midlife-Crisis stoppt keine Frau!

Sprachlehrerin Junko träumt davon, ins Ausland zu gehen und dort zu arbeiten. Als ihr Geburtstag naht und sie fürchtet, mit 27 ganz ohne Partner dazustehen, verbringt sie kurz entschlossen eine Nacht mit dem buddhistischen Mönch Hoshikawa im Love Hotel. Ein Leben an der Seite eines Mönchs kommt für sie aber absolut nicht infrage. Doch als Junko ihre Wohnung verliert und sich keine neue leisten kann, zieht sie notgedrungen in Hoshikawas Tempel. Der hofft aber auf eine Hochzeit ...

STOPP!

**Dies ist die letzte Seite des Buches!
Du willst dir doch nicht den Spaß verderben
und das Ende zuerst lesen, oder?**

Um die Geschichte unverfälscht und originalgetreu mitverfolgen zu können, musst du es wie die Japaner machen und von rechts nach links lesen. Deshalb schnell das Buch umdrehen und loslegen!

So geht's:

Wenn dies das erste Mal sein sollte, dass du einen Manga in den Händen hältst, kann dir die Grafik helfen, dich zurechtzufinden: Fang einfach oben rechts an zu lesen und arbeite dich nach unten links vor. Viel Spaß dabei wünscht dir TOKYOPOP®!